BEI GRIN MACHT SICH IHR
WISSEN BEZAHLT

AF138414

- Wir veröffentlichen Ihre Hausarbeit,
  Bachelor- und Masterarbeit

- Ihr eigenes eBook und Buch -
  weltweit in allen wichtigen Shops

- Verdienen Sie an jedem Verkauf

Jetzt bei www.GRIN.com hochladen
und kostenlos publizieren

Schizophrenie, die Entstehung von Emotionen, das transaktionale Stressmodell von Lazarus und emotionale Intelligenz in Teams

Sina Weber

Bibliografische Information der Deutschen Nationalbibliothek:

Die Deutsche Nationalbibliothek verzeichnet diese Publikation in der Deutschen Nationalbibliografie; detaillierte bibliografische Daten sind im Internet über http://dnb.d-nb.de abrufbar.

ISBN: 9783346734006
Dieses Buch ist auch als E-Book erhältlich.

Druck und Bindung: Books on Demand GmbH, Norderstedt Germany
Gedruckt auf säurefreiem Papier aus verantwortungsvollen Quellen

Das vorliegende Werk wurde sorgfältig erarbeitet. Dennoch übernehmen Autoren und Verlag für die Richtigkeit von Angaben, Hinweisen, Links und Ratschlägen sowie eventuelle Druckfehler keine Haftung.

Das Buch bei GRIN: https://www.grin.com/document/1280237

Inhaltsverzeichnis

Abkürzungsverzeichnis

EI   Emotionale Intelligenz

WfbM   Werkstätten für behinderte Menschen

Abbildungsverzeichnis

1. Das Krankheitsbild der Schizophrenie, der schizotypen und wahnhaften Störung

Die älteste Beschreibung schizophrener Störungen finden sich in den um 1000 vor Christus in Indien geschriebenen Ayurveden. Hierbei finden sich Hinweise auf Störungen des Denkens, des Affektes und der Sprache, Veränderungen des Ich-Erlebens sowie akustische Halluzinationen. Im deutschsprachigen Raum wurde erstmals 1896 von Emil Kraepelin das Krankheitsbild der schizophrenen Störung unter dem Begriff Dementia praecox beschrieben.[1] 1911 führte der Schweizer Psychiater Eugen Bleuler den Begriff Schizophrenie ein.[2] Da Bleuler damals schon von der „Gruppe der Schizophrenien" sprach, stellte er zur Diskussion, ob die Schizophrenie ein einheitliches Krankheitsbild zum Gegenstand hat.[3] Die Heterogenität betrifft dabei die Symptomatik und den individuellen Verlauf, die unterschiedlichen Prognosen sowie die Ursachen der Störung, die komplex sind und individuell in unterschiedlichen Kombinationen bestehen.[4] Psychotische Störungen sind in der ICD-10 in Schizophrenien, schizotype und wahnhafte Störungen unterteilt.[5] Diese sollen im Folgenden genauer dargestellt werden. Im Anschluss daran werden Voraussetzungen für eine geregelte Beschäftigung von Patienten mit diagnostizierter Schizophrenie auf dem ersten Arbeitsmarkt und Vor- und Nachteile einer Beschäftigung in Behindertenwerkstätten erläutert.

1.1 Schizophrenie

Die Schizophrenie (F20) stellt von den psychotischen Störungen die häufigste und wichtigste Störung dar.[6] Der Begriff Schizophrenie stammt aus dem Griechischen und bedeutet gespaltenes Bewusstsein, womit allerdings nicht eine gespaltene oder multiple Persönlichkeit gemeint ist, wie häufig angenommen.[7] Schizophrenie bedeutet, dass Betroffene zeitweise den Bezug zur Realität ver-

---

[1] Vgl. Hofer/Fleischhacker (2012), S.111-113.
[2] Vgl. Gaebel/Wölwer (2010), S. 8.
[3] Vgl. Hofer/Fleischhacker (2012), S.111.
[4] Vgl. Gaebel/Wölwer (2010), S. 8.
[5] Vgl. Ofenstein/von Westphalen (2018), S. 11.
[6] Vgl. Disse (2018), S. 86.
[7] Vgl. Gaebel/Wölwer (2010), S. 8.

lieren sowie die Spaltung zwischen Innenwelt und geteilter Außenwelt. Die Erkrankten selbst entwickeln weder ein Krankheitsgefühl noch eine Krankheitseinsicht. Die Mitmenschen bemerken hingegen schnell die Veränderungen.[8]

Die Lebenszeitprävalenz, d.h. das Risiko mindestens einmal an einer Schizophrenie zu erkranken, beträgt 0,5 bis 1,6 Prozent.[9] Im Allgemeinen erkranken Männer und Frauen gleich häufig, wobei Männer meistens zwischen dem 15. und 25. Lebensjahr und Frauen zwischen dem 20. und 30. Lebensjahr erkranken. Ferner liegen Schizophrenien vermutlich einer multifaktoriellen Entstehung zugrunde, mit ca. 70% genetischen und 30% umweltbezogenen Faktoren. Die genetische Prädisposition bzw. Vulnerabilität lässt sich nicht messen, allerdings kann bei Erkrankung eines Verwandten ersten Grades von einer erhöhten Vulnerabilität ausgegangen werden. Ausschlaggebend für den Ausbruch einer Schizophrenie ist zumeist eine Kombination aus erheblichen Stresssituationen und Vulnerabilität. Zudem wird bei vulnerablen Personen der Konsum von Cannabis mit der Entstehung einer Schizophrenie in Verbindung gebracht.[10]

Die Schizophrenie (F20) besitzt eine vielfältige Symptomatik und unterschiedliche Verlaufsformen, so dass es nicht eine, sondern verschiedene Schizophrenien gibt.[11] Der Verlauf tritt entweder kontinuierlich episodisch mit zunehmenden oder stabilen Defiziten auf oder ist durch eine oder mehrere Episoden mit vollständiger oder unvollständiger Remission gekennzeichnet.[12] Das Krankheitsbild ist sehr komplex und betrifft Bereiche der Kognition, des Affekts, der Psychomotorik und des sozialen Erlebens und Verhaltens.[13] Zu den wichtigsten psychopathologischen Phänomenen gehören Gedankenlautwerden, Gedankeneingebung oder Gedankenentzug, Gedankenausbreitung, Wahnwahrnehmung, Kontrollwahn, Beeinflussungswahn oder das Gefühl des Gemachten, kommentierende Stimmen in der dritten Person, Denkstörungen und Negativsymptome.[14]

Dabei können folgende Unterformen unterschieden werden. Paranoide Schizophrenie (F20.0), die durch beständige Wahnvorstellungen, akustische Halluzi-

---

[8] Vgl. Prölß et al. (2019), S. 17.
[9] Vgl. Buchgraber/Kerschbaumer (2020), S. 113.
[10] Vgl. Prölß et al. (2019), S. 22-23.
[11] Vgl. Ebd., S. 19.
[12] Vgl. DIMDI (2019).
[13] Vgl. Mehler-Wex et al. (2009) S. 477.
[14] Vgl. DIMDI (2019).

nationen und Wahrnehmungsstörungen gekennzeichnet ist, hebephrene Schizophrenie (F20.1), bei der Affektverflachung, desorganisiertes Denken, Sprachzer-
fahrenheit, unvorhersehbares und verantwortungsloses Verhalten im Vorder-
grund stehen, katatone Schizophrenie (F20.2), die durch psychomotorische
Auffälligkeiten mit möglichem Wechsel zwischen Erregung und stuporösen Zu-
ständen charakterisiert ist.[15]

Eine Schizophrenie sollte nicht diagnostiziert werden bei eindeutigen Gehirner-
krankungen, während einer Intoxikation, während eines Entzugssyndroms sowie
bei ausgeprägten depressiven oder manischen Symptomen, es sei denn, dass
affektive Störungen vorausgegangen sind.[16]

1.2 Schizotype Störungen

Die schizotypen Störungen (F21) stehen wahrscheinlich genetisch mit der Schizophrenie in Beziehung und weisen zahlreiche für die Schizophrenie typische
Symptome auf.[17] So wirken exzentrisches Verhalten und Anomalien des Denkens und der Stimmung schizophren. Allerdings treten keine eindeutigen und
charakteristisch schizophrenen Symptome auf und sind auch nie aufgetreten.
Gekennzeichnet ist diese Störung durch einen kalten Affekt, Anhedonie sowie
seltsames und exzentrisches Verhalten. Darüber hinaus tendieren Betroffene zu
sozialem Rückzug und entwickeln paranoische oder bizarre Ideen, die sich aber
nicht bis zu eigentlichen Wahnvorstellungen manifestieren. Ferner sind zwang-
haftes Grübeln, Denk- und Wahrnehmungsstörungen, quasipsychotische Episoden mit intensiven Illusionen, akustische oder andere Halluzinationen und
wahnähnliche Ideen Kennzeichen der Störung. Der Beginn lässt sich nicht klar
feststellen. Größtenteils entsprechen die Entwicklung und der Verlauf einer
Persönlichkeitsstörung.[18]

---

[15] Vgl. Mehler-Wex et al. (2009) S. 477; DIMDI (2019).
[16] Vgl. DIMDI (2019).
[17] Vgl. Disse (2018), S. 86.
[18] Vgl. DIMDI (2019).

1.3 Wahnhafte Störung

Anhaltende wahnhafte Störungen (F22) haben keine direkte Verbindung mit der Schizophrenie, sind aber schwer von dieser zu unterscheiden.[19] In dieser Gruppe steht ein langandauernder Wahn im Mittelpunkt der Symptomatik, der nicht als organisch, schizophren oder affektiv eingestuft werden kann.[20]

Die wahnhafte Störung ist gekennzeichnet durch die Entwicklung eines einzelnen Wahns oder mehrerer aufeinander bezogener Wahninhalte, die zumeist lange und sogar lebenslang andauern können. Die Inhalte des Wahns oder des Wahnsystems können dabei sehr unterschiedlich sein. Zu beachten ist, dass eine Diagnose nicht gestellt werden kann bei eindeutigen anhaltenden akustischen Halluzinationen sowie schizophrenen Symptomen, wie Kontrollwahn oder Affektverflachung, oder bei einer eindeutigen Gehirnerkrankung. Eine Ausnahme bildet gelegentliche oder vorübergehende akustische Halluzinationen bei älteren Patientinnen oder Patienten. Hierbei ist eine Diagnose nicht ausgeschlossen, solange diese Symptome nicht typisch schizophren wirken und nur einen geringen Teil des klinischen Gesamtbildes darstellen.[21]

1.4 Berufliche Perspektiven schizophrener Menschen

Häufig wird der Zusammenhang zwischen Schizophrenie und dem Arbeitsmarkt unterschätzt. Gleichwohl ist die Schizophrenie weltweit eine der Hauptursachen für Arbeitsunfähigkeit.[22] Eine Beschäftigung trägt bei den Erkrankten maßgeblich zur psychischen Gesundheit bei, denn sie dient nicht nur der Sicherung der Existenz und der Identitätsentwicklung, sondern ist auch sinnstiftend, vermittelt soziale Beziehungen und verleiht dem Tagesablauf eine Struktur.[23]

Die Psychiatrie hat die Rehabilitation schizophrener Patientinnen und Patienten zur Aufgabe. Insbesondere die Arbeitsrehabilitation ist sehr schwierig geworden, weil der Arbeitsmarkt nur noch wenige chronisch Schizophrene mit verminderter Leistungsfähigkeit aufnimmt. Daher wurde der zweite Arbeitsmarkt geschaffen.[24]

---

[19] Vgl. Disse (2018), S. 86.
[20] Vgl. DIMDI (2019).
[21] Vgl. Ebd.
[22] Vgl. Steadman (2015), S. 5-6.
[23] Vgl. Kuhl et al. (2007), S. 38.
[24] Vgl. Tölle/Windgassen (2009), S. 228.

Auf diesem bestehen Beschäftigungsverhältnisse mithilfe von öffentlichen Fördermitteln, die betroffenen Arbeitslosen den späteren Übergang in den ersten, regulären Arbeitsmarkt ermöglichen sollen.[25] Dafür stehen verschiedene Einrichtungstypen zur Verfügung, wie bspw. Werkstätten für behinderte Menschen (WfbM).[26]

Bei Menschen mit Schizophrenie treten häufig kognitive Störungen in den Bereichen Gedächtnis, Aufmerksamkeit und Exekutivfunktionen auf. So führt bspw. eine gestörte Aufmerksamkeit zu rascher Erschöpfung und vermehrten Fehlern. Für den Rehabilitationserfolg ist daher das Ausmaß kognitiver Beeinträchtigungen relevant.[27] Erschwert werden die Arbeitsmöglichkeiten neben den Symptomen, auch durch Nebenwirkungen und der Möglichkeit der Wiedererkrankung. Darüber hinaus beginnt die Erkrankung im Teenager- und Twen-Alter, was schwerwiegende Auswirkungen auf die berufliche Zukunft haben kann, wenn eine Ausbildung oder frühe Karriere unterbrochen wird. Arbeitgeber legen meistens Wert auf einen lückenfreien Lebenslauf und beste Qualifikationen. Hinzu kommt, dass eine stigmatisierte Einstellung von Mitmenschen und damit von Arbeitgebern und Kolleginnen und Kollegen zur Krankheit oft aufgrund falscher Vorstellungen negativ ist.[28] Laut einer Befragung würde jeder Dritte nicht mit einer an Schizophrenie erkrankten Person zusammenarbeiten.[29]

In einer Metaanalyse wurden die Prädiktoren für eine erfolgreiche berufliche Entwicklung bei Menschen mit Schizophrenie ermittelt. Nachweisbar beeinflussen kognitive Funktionen, Bildung, soziale Unterstützung, soziale Fähigkeiten, Alter, Arbeitsanamnese sowie professionell durchgeführte Rehabilitation. Diese Prädiktoren sollten daher als Ausgangspunkt für die Planung der Rehabilitation herangezogen werden. Ferner konnte in Studien aufgezeigt werden, dass Trainings innerhalb von Rehabilitationsmaßnahmen die kognitiven Funktionen verbessern und diese auch über das Training hinaus aufrechterhalten werden konnten.[30] Ebenfalls zeigten Untersuchungen in den USA, dass schizophrene Menschen, die arbeiten möchten und aufgrund ihres Fähigkeitsprofils auch können, mit einer frühen Wiedereingliederung auf dem ersten Arbeitsmarkt und intensiver

---

[25] Vgl. BPB (2020).
[26] Vgl. Gäbler/Wölwer (2010), S. 27.
[27] Vgl. Weisbrod (2014).
[28] Vgl. Steadman (2015), S. 6.
[29] Vgl. Neurologen und Psychiater im Netz (2014).
[30] Vgl. Weisbrod (2014).

Einzelfallbetreuung durch spezialisierte Dienste einen höheren Anteil beschäftigter Erkrankter auf dem ersten Arbeitsmarkt und eine geringere (Re)-Hospitalisierungsrate erreichten als über Einrichtungen des besonderen Arbeitsmarktes.[31] Trotz der hohen Bedeutung der Schizophrenie für Frühberentung, stehen für Rehabilitationen nur begrenzte finanzielle Mittel zur Verfügung.[32]

Immer mehr an Schizophrenie Erkrankte befinden sich in WfbM.[33] Während eine Seite argumentiert, dass Menschen mit Schizophrenie durch WfbM langfristig am Arbeitsleben teilnehmen können und ohne solche Einrichtungen ansonsten zum größten Teil von der Arbeitswelt ausgeschlossen wären,[34] empfehlen andere die schrittweise Abschaffung der Werkstätten.[35] Diese bieten ein nur sehr geringes Einkommen, sind kaum integrativ und führen mit einer Erfolgsquote von 0,2 Prozent nur selten in den offenen Arbeitsmarkt. Kritisiert werden WfbM des Weiteren, dass sie vom allgemeinen Arbeitsmarkt als sog. „Sonderarbeitswelt" abgeschlossen[36] und Menschen in WfbM nicht mit anderen Arbeitnehmenden gleichgestellt sind.[37] Da WfbM durchgehend finanziert werden und sehr bekannt sind, zählen sie oft zur Standardoption.[38] Allerdings kann dem entgegengehalten werden, dass es sich bei einer Beschäftigung in WfbM nicht um eine Erwerbsarbeit handelt, sondern um Teilhabe am Arbeitsleben für Menschen mit Behinderungen mit voller Erwerbsminderung. Die Werkstattbeschäftigten seien keine Arbeitnehmer, sondern Rehabilitanden.[39]

Zusammenfassend lässt sich festhalten, dass in Anbetracht des geringen Erfolgs einer Integration in den ersten Arbeitsmarkt, WfbM keine ideale Option, aber leider die Standardoption für die Arbeitsrehabilitation schizophrener Menschen darstellt. Solange Menschen, die an Schizophrenie erkrankt sind, weiterhin in der Gesellschaft Stigmatisierungen ausgesetzt sind und finanzielle Mittel fehlen, sind WfbM die einzige Gelegenheit, um am Arbeitsleben teilzunehmen.

---

[31] Vgl. Gäbler/Wölwer (2010), S. 27.
[32] Vgl. Weisbrod (2014).
[33] Vgl. Steadman (2015), S. 8.
[34] Vgl. Gäbler/Wölwer (2010), S. 27.
[35] Vgl. Job Inklusive (2020).
[36] Vgl. Caritasverband (2016), S. 47.
[37] Vgl. Deutscher Bundestag (2016), S. 12.
[38] Vgl. Steadman (2015), S. 8.
[39] Vgl. BAG WfbM (2018).

2. Aufgabe 2

In diesem Abschnitt sollen Kausalmodelle zur Rolle der Bewertung bei der Entstehung von Emotionen und das Transaktionale Stressmodell von Lazarus beschrieben werden. Insbesondere soll bei letzterem auf die Rolle von Bewertungen sowie auf Ansatzpunkte zur Bewältigung von Stress eingegangen werden. Darauf aufbauend werden wirksame und unwirksame Formen des Copings thematisiert.

2.1 Kausalmodelle zur Rolle der Bewertung bei der Entstehung von Emotionen

Die Bewertungstheorien können je nach Aspekt in zwei Gruppen unterteilt werden. Zum einen nach einer kognitiven Bewertung der erlebten inneren physiologischen Erregung und zweitens nach einer Bewertung einer äußeren Situation, die zu dem subjektiven Erleben einer Emotion führt.[40]

Gemäß der ersten Gruppe, zu der die Zwei-Faktoren-Theorie von Schachter und Singer zählt, wird eine Emotion durch eine körperliche Reaktion zusammen mit der Kognition, d.h. Wahrnehmung, Erinnerung und Interpretation, hervorgerufen.[41] Die Zwei-Faktoren-Theorie gilt als Bindeglied zwischen psychophysiologischen und kognitiven Bewertungstheorien. Hierbei ist – wie auch bei den psychophysiologischen Theorien – eine Empfindung physiologischer Veränderungen erforderlich. Allerdings müssen zusätzlich zu den körperlichen Empfindungen noch Kognitionen kommen, um von einer Emotion sprechen zu können.[42]

Nach der zweiten Gruppe, den kognitiven Bewertungstheorien, erfolgt die Entstehung von Emotionen durch die subjektive Einschätzung von Situationen basierend auf Bedürfnissen, Zielen und Bewältigungsmöglichkeiten.[43] Eine Emotion setzt damit keine physiologische Reaktion voraus. Beispielsweise kann eine bevorstehende Prüfung als Bedrohung angesehen werden, die zu einer Angstreaktion führt, oder als positive Anspannung. Die jeweilige individuelle Einschätzung einer Situation begründet damit den spezifischen Gefühlszustand, der eine

---

[40] Vgl. Becker-Carus/Wendt (2017), S. 549.
[41] Vgl. Myers (2014), S. 498.
[42] Vgl. Brandstätter et al. (2018), S. 212.
[43] Vgl. Ebd., S. 213.

Emotion auslöst. Wichtige Vertreter der kognitiven Theorien waren u.a. Klaus Scherer und Richard Lazarus.[44]

Laut Scherer besteht der Bewertungsprozess aus einer funktionalen Perspektive. Ereignisse werden innerhalb eines Komponenten-Prozess-Modells immerzu nach den vier Dimensionen Relevanz, Implikation, Bewältigungspotential und Normative Signifikanz bewertet (Stimulus Evaluation Checks). Je nach subjektiver Bewertung erfolgt eine Veränderung der Physiologie, Handlungsbereitschaft und des subjektiven Gefühls. Somit kann es unendlich viele emotionale Zustände geben und jeder erlebt ein Ereignis mit einer anderen Emotion. Dabei ist nicht das Ereignis an sich entscheidend, sondern die Betrachtung. Wird also bspw. bei einer Spinnenangst laut biologischer Emotionstheorie davon ausgegangen, dass die Spinnenangst einer angeborenen Reaktionsweise entspricht, würden kognitive Bewertungstheorien diese mit einer entsprechenden subjektiven Bewertung der Spinne begründen, so dass auch eine andere Emotion wie Neugier oder Faszination gezeigt werden kann. Nach Lazarus sind Emotionen eine Reaktion auf die wahrgenommene Person-Umwelt-Relation, die im folgenden Abschnitt näher beschrieben wird.[45]

2.2 Transaktionales Stressmodell von Lazarus

Die Bewertung des Stressors oder der Situation und der eigenen Ressourcen spielt eine essentielle Rolle für die Stressreaktion.[46] Stress ist dadurch gekennzeichnet, dass bestimmte Anforderungen aus der Umwelt bzw. vorausgehende Ereignisse spezifische Bewältigungsprozesse hervorrufen. Stress entsteht dann, wenn die Anforderungen die Fähigkeiten des Individuums beanspruchen oder übersteigen. Entscheidend ist somit die Einschätzung der Stresssituation sowie die Fähigkeit, damit umzugehen.[47] Im dem Stressmodell von Lazarus werden verschiedene Bewertungsprozesse unterschieden[48], die aufeinanderfolgen oder gleichzeitig ablaufen.[49]

Im ersten Bewertungsprozess, dem primary appraisal, erfolgt die Bewertung

---

[44] Vgl. Kindermann (2020), S. 115.
[45] Vgl. Bak (2019), S. 171-172.
[46] Vgl. Ebd., S. 171.
[47] Vgl. Reif/Spieß (2018), S. 44.
[48] Vgl. Bak (2019), S. 171.
[49] Vgl. Becker-Carus/Wendt (2017), S. 560.

eines Ereignisses nach Bedrohung, Herausforderung, Schädigung oder Verlust. Die sekundäre Einschätzung, das secondary appraisal, bewertet die eigenen Bewältigungsfähigkeiten, sog. coping resources wie Fähigkeiten und Kenntnisse, und Bewältigungsmöglichkeiten, sog. coping options wie situative Handlungsmöglichkeiten. In diesem Schritt wird also erkundet, welche Anforderungen bestehen und überprüft, ob und wie diese bewältigt werden können.[50] Das Ergebnis der Bewertungen ergibt dann den erlebten emotionalen Stress, wie Angst, Schrecken, Bedrohung oder Freude.[51] Negative Emotionen fallen dabei um so geringer aus, je adäquatere Bewältigungsmöglichkeiten zur Verfügung stehen.[52] Darüber hinaus besteht eine dynamische Entwicklung von Emotionen, so dass Situationen immer wieder neu bewertet werden (reappraisal) und sich dadurch emotionale Reaktionen verändern können.[53] Die ursprüngliche Bewertung der Situation kann sich durchaus aufgrund neuer Informationen aus der Umgebung, neuen Überlegungen sowie Rückmeldungen in Bezug auf die eigenen Reaktionen verändern. Auf Grundlage der Bewertung kann dann eine Handlungsauswahl zur Bewältigung der unangenehmen oder belastenden Situation getroffen werden.[54]

Der Bewertungsprozess läuft während der Tätigkeiten zur Stressbewältigung weiter. Da der Stress solange andauert bis eine effektive Bewältigungsstrategie gefunden wurde, kann dies zu dauerhaftem, chronischem Stress führen.[55]

2.3 Coping

Der Begriff Coping bedeutet Bewältigungsverhalten bzw. Stressbewältigung und bezeichnet Prozesse, in denen das Individuum versucht, Belastungen zu tolerieren, zu überwinden oder zu meistern. Der populärste theoretische Ansatz ist dabei die im vorangegangen Abschnitt vorgestellte transaktionale Theorie der Stressbewältigung von Lazarus.[56] Lazarus unterscheidet zwei Funktionen zur Bewäl-

---

[50] Vgl. Reif/Spieß (2018), S. 46.
[51] Vgl. Becker-Carus/Wendt (2017), S. 560.
[52] Vgl. Brandstätter et al. (2018), S. 214.
[53] Vgl. Bak (2019), S. 171.
[54] Vgl. Reif/Spieß (2018), S. 46-47.
[55] Vgl. Becker-Carus/Wendt (2017), S. 560.
[56] Vgl. Klauer (2012), S. 265.

tigung: das problem-focused coping und das emotion-focused coping.[57] Darüber hinaus ist das reappraisal eine defensive Neubewertung bzw. gedankliche Umbewertung einer Situation, die eine Art des kognitiven Copings darstellt.[58]

Bei der problemfokussierten Bewältigung wird eine direkte Verringerung des Stresses versucht, indem das Individuum den Stressor selbst oder den Umgang damit ändert.[59] Zu den problemlösenden Aktivitäten zählen a) Kämpfen bzw. Zerstören, Entfernen oder Verringern der Bedrohung, b) Flüchten bzw. sich zu distanzieren, c) Verhandlungen oder Schließen von Kompromissen sowie d) Antizipation von Folgen und Steigerung der eigenen Resistenz.[60]

Die emotionsfokussierte Bewältigung hat eine indirekte Verringerung des Stresses zum Ziel, indem das Individuum den Stressor meidet oder ignoriert und die Aufmerksamkeit auf emotionale Bedürfnisse ausrichtet, die mit der eigenen Stressreaktion im Zusammenhang stehen.[61] Zu den Handlungen, die unterschiedlich sinnvoll sind, zählen a) Entspannungstechniken, wie Meditation oder autogenes Training, b) Drogeneinnahme, Alkohol, c) ablenkende Fantasien, Träumereien, d) unbewusste Abwehrmechanismen sowie e) soziale Unterstützung durch Freunde oder Einrichtungen. Hierbei beziehen sich die Strategien weniger auf eine echte Problemlösung, weil der Stressor nicht beeinflusst wird und meistens bestehen bleibt.[62]

Problemfokussierte Strategien werden dann eingesetzt, wenn das Individuum meint, eine Situation im Griff zu haben bzw. die Umstände oder sich selbst ändern zu können. Emotionsfokussierte Strategien werden angewandt, wenn das Individuum die Situation nicht ändern kann bzw. meint, diese nicht ändern zu können.[63]

Emotionsfokussierte Strategien können langfristig eine bessere Gesundheit unterstützen, bspw. durch den Versuch, eine emotionale Distanz zu einer schädlichen Beziehung zu bekommen oder durch die aktive Beschäftigung mit einem Hobby, um das Denken an eine alte Sucht zu vermeiden. Allerdings können emotionsfokussierte Strategien nichtadaptiv sein, indem z. B. eine studierende Per-

---

[57] Vgl. Klauer (2012), S. 269.
[58] Vgl. Reif/Spieß (2018), S. 45.
[59] Vgl. Myers (2014), S. 538.
[60] Vgl. Becker-Carus/Wendt (2017), S. 564.
[61] Vgl. Myers (2014), S. 538.
[62] Vgl. Becker-Carus/Wendt (2017), S. 564.
[63] Vgl. Myers (2014), S. 538.

son, die sich sorgt, ob sie mit der Lektüre für ein Seminar nachkommt, andauernd auf Partys geht, um nicht mehr an das Seminar denken zu müssen. Daher können gelegentlich problemfokussierte Strategien wirkungsvoller den Stress verringern und langfristig die Gesundheit und Zufriedenheit fördern, indem im eben genannten Bespiel die Lektüre nachgeholt wird.[64]

3. Aufgabe 3

Im Folgenden soll erläutert werden, was unter emotionaler Intelligenz (EI) zu verstehen ist und welche Bedeutung der EI bei der Zusammenstellung von Teams und bei dem Teambildungsprozess zukommt. Abschließend soll eine kritische Auseinandersetzung mit dem Konzept der EI erfolgen.

3.1 Definition Emotionaler Intelligenz

Das Konzept der emotionalen Intelligenz geht auf das bereits 1920 durch den Psychologen und Intelligenzforscher Edward Thorndike eingeführten Begriff „Soziale Intelligenz" zurück, der die Fähigkeit beschreibt, andere Menschen richtig verstehen und anleiten zu können. Entwickelt wurde das Konzept der EI u.a. von John Mayer und Peter Salovey.[65] Sie definierten die EI wie folgt: „Emotional intelligence (EI) is the ability to carry out accurate reasoning focused on emotions and the ability to use emotions and emotional knowledge to enhance thought."[66] Zudem haben sie einen Test entwickelt, der die vier folgenden Komponenten der EI enthält: Wahrnehmung von Emotionen bspw. im Gesicht, in Musik oder Geschichten; Verstehen von Emotionen, d.h. sie vorherzusagen und zu bestimmen, wie sie sich verändern und ineinander übergehen; der Umgang mit Emotionen und zu wissen, wie sie in unterschiedlichen Situationen zum Ausdruck gebracht werden und schließlich die Nutzung von Emotionen, so dass adaptives und kreatives Denken möglich ist.[67] Populär wurde die EI durch David Golemann. Dieser bestimmte EI als eine Fähigkeit, eigene Gefühle und Gefühle anderer Personen richtig einzuschätzen und beeinflussen zu können. Ferner sah er EI als Voraus-

---

[64] Vgl. Myers (2014), S. 538.
[65] Vgl. Bosley/Kasten (2018), S. 44.
[66] Vgl. Mayer et al. (2008), S. 527.
[67] Vgl. Myers (2014), S. 407.

setzung für Erfolg im Beruf und einer guten Führungspersönlichkeit.[68]

Aktuell wird EI in der Forschung als erlernbare Fähigkeit, z.b. zur richtigen Wahrnehmung von Gefühlen, als grundlegende Eigenschaft und als Mischung von Motivation, Fähigkeiten und Persönlichkeitseigenschaften unterschieden.[69] Das fähigkeitsbasierte Modell besagt, dass EI die Fähigkeit besitzt, Intelligenz und Emotion zu verbinden, um das Denken zu fördern. Spezifische Fähigkeitsansätze untersuchen Fragen, wie gut eine Person Emotionen in Gesichtern erkennen oder emotionale Bedeutungen verstehen kann. Mixed-Model-Ansätze sind weniger mit EI und den beiden anderen Ansätzen verwandt, denn sie bestehen aus Motiven, Sozialverhalten und anderen Merkmalen, die sich nicht primär auf Emotionen oder emotionales Denken beziehen.[70]

Das Grundmodell emotionaler Intelligenz von Mayer und Salovey wurde von Dana Joseph und Daniel Newman zu einem sogenannten Kaskadenmodell weiterentwickelt, das empirisch durch eine Metaanalyse bestätigt wurde. Es hebt die Bedeutung emotionaler Intelligenz im Vergleich zu beruflich wichtigen Persönlichkeitseigenschaften und der kognitiven Intelligenz hervor.

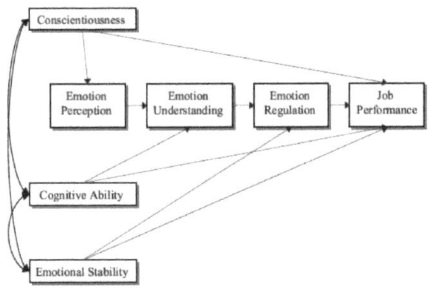

Tabelle 1: Kaskadenmodell der emotionalen Intelligenz
Quelle: Joseph/Newman (2010), S. 57.

Das Modell beginnt mit einer Emotionswahrnehmung, an die sich das Emotionsverständnis anschließt. Wenn die Gefühle verstanden wurden, kann eine bewusste Emotionssteuerung erfolgen. Die Fähigkeit, Emotionen zu steuern, hat unmittelbar einen Einfluss auf die Arbeitsleistung, denn sie führt zu positiven Gefühlen, die ihrerseits eine Erweiterung des Verhaltensrepertoires, flexibleres Han-

---

[68] Vgl. Psychomeda (2016).
[69] Vgl. Ebd.
[70] Vgl. Mayer et al. (2008), S. 535.

deln und mehr Aufmerksamkeit bewirken. Das resultiert in einem besseren Umgang mit anderen Menschen und einer besseren Eigenmotivation, was die Arbeitsleistung verbessert.[71] Die Wahrnehmung der Gefühle ist dabei von der Gewissenhaftigkeit des Individuums abhängig; das Verständnis über Gefühle von der allgemeinen Intelligenz; die Steuerung der Gefühle von der emotionalen Stabilität.[72]

3.2 EI in Teams

Vor allem auf die Teamarbeit hat die EI positive Auswirkungen. In einer meta-analytischen Studie über Intelligenz und Berufsleistung konnte aufgezeigt werden, dass die durchschnittliche Intelligenz des Teams einen geringen Einfluss auf die Produktivität hatte, aber die Gesamtgruppenleistung von der sozialen Sensibilität, d.h. der Fähigkeit, Gefühle und Gedanken der Anderen zu verstehen, am meisten beeinflusst wurde.[73] Für eine effektive Gruppenleistung sind die emotionale Intelligenz, die Fähigkeit der Teammitglieder Informationen auszutauschen, soziale Kompetenzen sowie eine Kompatibilität der Gruppenmitglieder entscheidend. Eine hohe EI im Team garantiert dabei noch keine hohe Leistung, aber es befähigt Teams, Normen für das Gruppenverhalten aufzustellen bspw. wenn ein Teammitglied unmotiviert ist oder Grenzen überschreitet. Diejenigen, die sich sozial unangemessen gegenüber den Gefühlen anderer verhalten, stellen eine Blockade innerhalb der Leistung dar, insbesondere, wenn es ihnen an der Fähigkeit mangelt, Differenzen zu beseitigen und effektiv zu kommunizieren.[74] Gerade in Konfliktsituationen können Teammitglieder mit einer hohen EI schwierige Themen direkt und sensibel ansprechen, bevor diese eskalieren.[75] Ferner spielt die Gruppenleiterin oder der Gruppenleiter für den Aufbau und Erhalt von emotional intelligenten Normen eine große Rolle.[76]

Forscher konnten aufzeigen, dass Individuen von der emotionalen Stimmung ihrer Teamkollegen beeinflusst werden und im Laufe der Zeit dazu neigen, ihre

---

[71] Vgl. Wirtschaftspsychologie Aktuell (2010).
[72] Vgl. Joseph/Newman (2010), S. 56-59.
[73] Vgl. Bosley/Kasten (2018), S. 45-46.
[74] Vgl. Feyerherm (2002), S. 345-346.
[75] Vgl. von Hehn et al. (2016), S. 177.
[76] Vgl. Feyerherm (2002), S. 346.

eigenen Stimmungen an denen der Kolleginnen und Kollegen auszurichten ("emotional contagion"). Die "Ansteckung" von positiven Emotionen führt dabei zu einer größeren Teameffektivität in Form von mehr Zusammenarbeit und Leistung sowie geringerem Konfliktniveau.[77] Strategien zur Problemlösung werden durch Emotionen beeinflusst, denn positive Emotionen führen dazu, dass Dinge in einem Zusammenhang gesehen werden, verschiedene Ideen entwickelt und Kreativität gesteigert wird.[78]

Forschungsergebnisse zeigen, dass ein hohes Durchschnittsniveau der individuellen emotionalen Intelligenz der Teammitglieder, eine starke Teamleistung vorhersagen können. So ist ein Höchstmaß an EI-Niveau innerhalb eines Teams besonders dann notwendig, wenn der Output einer Gruppe, die Leistung ihres stärksten Mitglieds repräsentiert. Zum Beispiel reicht in Verhandlungssituationen ein Teamkollege mit einer hohen emotionalen Intelligenz aus, um das gesamte Team zu unterstützen, indem Informationen mit den anderen Teamkollegen geteilt werden, damit die gesamte Gruppe angemessen handeln kann. In anderen Fällen kann ein Teammitglied mit einer sehr hohen EI dazu dienen, Spannungen zu erkennen und abzubauen, die während eines Arbeitsprozesses im Team auftreten können. Ein Mindestmaß eines EI-Niveau innerhalb eines Teams ist dann erforderlich, wenn die Gruppenleistung nur so stark ist, wie ihr schwächstes Glied. Das gilt bspw. für Verkaufsteams mit einem Ziel von einhundertprozentiger Kundenzufriedenheit. In diesen Teams wirkt sich individuelles Verhalten, das emotional unangemessen oder mangelhaft ist, negativ auf die gesamte Gruppe aus.[79]

Allerdings zeigten Untersuchungen des Zusammenhangs von emotionaler Intelligenz und Arbeitsleistung bei Tätigkeiten mit hohen und geringen emotionalen Anforderungen auch, dass die EI die Arbeitsleistung bei hohen emotionalen Tätigkeitsanforderungen besser vorhersagt als bei niedrigen emotionalen Tätigkeitsanforderungen.[80]

Zudem hat die emotionale Vielfalt Einfluss auf eine effektive Arbeitsweise. In einer Studie profitierten Top-Management-Teams sowohl von einem höheren Level an positiven Emotionen als auch von einer größeren Ähnlichkeit hinsichtlich

---

[77] Vgl. Elfenbein (2006), S. 13-14.
[78] Vgl. Bosley/Kasten (2018), S. 45.
[79] Vgl. Elfenbein (2006), S. 8.
[80] Vgl. Blickle (2014), S. 217-218.

ihrer emotionalen Tendenzen. Emotionale Ähnlichkeit hing dabei mit einer besseren finanziellen Leistung des Unternehmens sowie effektiveren Gruppenprozessen zusammen. Zudem konnte in einer weiteren Studie aufgezeigt werden, dass Teams mit unterschiedlichen Ausprägungen an emotionaler Intelligenz weniger psychische Sicherheit verspürten, weniger gemeinsam an Entscheidungen arbeiteten sowie mehr Konflikte mit ihren Teamkollegen hatten. Allerdings gibt es auch Kontexte, in denen eine emotionale Vielfalt wertvoll sein kann, wenn es Perspektivunterschiede schafft, die für die Teamarbeit hilfreich sind und wenn Vielfalt von einem unterstützenden Organisationsklima begleitet wird.[81] Zusammenfassend kann festgehalten werden, dass für die Effektivität und bessere Zusammenarbeit in der Zusammenstellung eines Teams darauf geachtet werden sollte, dass ihre Mitglieder eine hohe EI und zudem ein ähnliches Maß an emotionaler Intelligenz aufweisen. Allerdings ist hinsichtlich der Art der Tätigkeit entscheidend, ob das Team in einem mehr oder weniger emotional sensiblen Kontext arbeitet. So sollten bspw. in Verkaufsteams alle Mitglieder eine hohe emotionale Intelligenz besitzen, während in Verhandlungsteams eine Person mit hoher EI ausreicht. Ein unternehmensinternes Fertigungsteam, das keinen Kundenkontakt pflegt, benötigt hingegen keine hohe EI innerhalb des Teams.

3.3 Kritische Auseinandersetzung mit dem Konzept der EI

Umstritten ist, ob eine theoretische Konzeptualisierung[82] und Messung von EI überhaupt möglich ist und ob EI im organisatorischen Kontext eine inkrementelle Validität über Persönlichkeitsmerkmale und kognitive Fähigkeiten hinaus liefern kann.[83] Insbesondere das EI-Konzept von Golemann wird in der Literatur als pseudowissenschaftliche Errungenschaft kritisiert.[84] Dem Konzept wird u.a. vorgeworfen, dass erlernbare Fähigkeiten mit grundlegenden Persönlichkeitseigenschaften vermischt werden und sich aus den Persönlichkeitsdimensionen der Big Five ergibt.[85]

Da für die emotionale Intelligenz noch keine elaborierte Theorie existiert, ge-

---

[81] Vgl. Elfenbein (2006), S. 10-11.
[82] Vgl. Mayer et al. (2008), S. 509.
[83] Vgl. Joseph/Newman (2010), S. 54.
[84] Vgl. Sieben (2003), S. 26.
[85] Vgl. Psychomeda (2016).

staltet sich die Messung von EI aufgrund fehlender operationaler Definitionen schwierig. Entwickelt wurden unterschiedliche Messinstrumente, wie Selbstberichte oder Tests. Allerdings erfassen die Tests nicht alle Bereiche von EI, sondern nur Teilbereiche, wie Wahrnehmung, Regulation oder Utilisation von Emotionen.[86] Darüber hinaus ergeben sich auch bei der Messung der Teilbereiche Probleme. Bei der Erfassung spezifischer EI-Fähigkeiten korrelieren die verschiedenen Skalen der emotionalen Wahrnehmung oft nicht stark miteinander.[87] Bei gemischten Modellansätze , die zumeist Selbstberichte einsetzen, ist häufig unklar, ob die Motivation oder die Eigenschaft gemessen wird, wie bspw. bei folgender Aussage: „Ich achte oft darauf, was andere Menschen gerade fühlen".[88]

Viele Messinstrumente ähneln denen, die in der Persönlichkeitsforschung verwendet werden, um Eigenschaften von Personen zu erfassen. Wenn EI nicht als Eigenschaft, sondern eher als Fähigkeiten angesehen wird, müssen zur Erfassung Aufgaben wie in der klassischen Intelligenzforschung entwickelt werden, die ein Proband mehr oder weniger gut lösen kann. Allerdings gestaltet sich dies schwierig, da es für emotional intelligentes Verhalten wahrscheinlich nicht nur eine richtige Lösung gibt, sondern mehrere und die Lösungen darüber hinaus kontextabhängig sind.[89]

Für eine klarere Definition des Begriffs der EI und Abgrenzung der Konzepte besteht daher in diesem noch jungen Forschungsgebiet weiterhin Bedarf. Mit Neugier dürften darüber hinaus weitere Erkenntnisse erwartet werden.

---

[86] Vgl. Siebert (2006), S. 33.
[87] Vgl. Mayer et al. (2008), S. 527.
[88] Vgl. Wirtschaftspsychologie Aktuell (2010).
[89] Vgl. Siebert (2006), S. 33.

Literaturverzeichnis

BAG WfbM (2018), Die Entgelt- und Einkommenssituation von Werkstattbeschäftigten, https://www.bagwfbm.de/file/1139, abgerufen am 05.10.2020.

Bak, P. (2019), Lernen, Motivation und Emotion, Berlin.

Becker-Carus, C./Wendt, M. (2017), Allgemeine Psychologie, 2. Aufl., Berlin.

Blickle, G. (2014), Anforderungsanalyse. In: Nerdinger, F./Blicke, G./Schaper, N., Arbeits- und Organisationspsychologie, 3. Aufl., Berlin, Heidelberg, S. 207–222.

Blickle, G./Schütte, N. (2015), Erfolg im Beruf: Warum es hilfreich ist, Emotionen zu erkennen, Wirtschaftspsychologie Aktuell, Jg. unbekannt, Nr. 3, S. S. 23–27.

Bosley, I./Kasten, E. (2018). Emotionale Intelligenz. Berlin, Heidelberg.

BPB (2020), Zweiter Arbeitsmarkt, https://www.bpb.de/nachschlagen/lexika/lexikon-der-wirtschaft/21231/zweiter-arbeitsmarkt, abgerufen am 28.09.2020.

Brandstätter, V./Schüler, J./Puca, R. M./Lozo. L. (2018), Motivation und Emotion, 2. Aufl., Berlin.

Buchgraber, S./Kerschbaumer, B. (2020), Selbstbestimmung von psychoseerfahrenen Menschen, Wien.

Caritasverband (2016), Materialien zur öffentlichen Anhörung von Sachverständigen in Berlin am 15. Februar 2016 zum Antrag der Abgeordneten Katrin Werner, Sigrid Hupach, Sabine Zimmermann (Zwickau), weiterer Abgeordneter und der Fraktion DIE LINKE. Gute Arbeit für Menschen mit Behinderungen - BT-Drucksache 18/5227 - Zusammenstellung der schriftlichen Stellungnahmen, https://www.bundestag.de/resource/blob/402072/93b013e99a231cabb72ea6fa126d3199/materialzusammenstellung_behinderte-data.pdf, abgerufen am 13.10.2020.

Deutscher Bundestag (2019), Werkstätten für behinderte Menschen (WfbM) Einzelfragen zu Finanzierung und Lohnstruktur (2019), https://www.bundestag.de/resource/blob/668564/f117ad1eeadb8f87ade6ba2030a9f750/WD-6-118-19-pdf-data.pdf, abgerufen am 14.10.2020.

DIMDI (2019), Schizophrenie, schizotype und wahnhafte Störungen (F20-F29), https://www.dimdi.de/static/de/klassifikationen/icd/icd-10-who/kode-suche/htmlamtl2019/block-f20-f29.htm, abgerufen am 03.10.2020.

Disse, S. (2018), ICD-10 kompakt – Heilpraktiker für Psychotherapie, 2. Aufl., München.

Elfenbein, H. (2006). Team Emotional Intelligence: What it can mean and how it can impact performance. In: Druskat, F. S./Mount, G. (Hrsg.), The link between emotional intelligence and effective performance, New York, S. 165–184.

Feyerherm, A. (2002), Emotional intelligence and team performance: The good, the bad and the ugly, International Journal of Organizational Analysis, 10. Jg., Nr. 4, S. 343–362.

Gaebel, W./Wölwer, W. (2010), Schizophrenie, https://www.rki.de/DE/Content/Gesundheitsmonitoring/Gesundheitsberic hterstattung/GBEDownloadsT/Schizophrenie.pdf?__blob=publicationFile, abgerufen am 05.10.2020.

Hofer, A./Fleischhacker, W. (2012), Schizophrenie, schizotype und wahnhafte Störungen (ICD-10 F2). In: Fleischhacker, W./Hinterhuber, H., Lehrbuch Psychiatrie, Wien, S. 111–151.

Job Inklusive (2020), Wie das System der Behindertenwerkstätten Inklusion verhindert und niemand etwas daran ändert, https://jobinklusive.org/2020/09/14/wie-das-system-der-behindertenwerkstaetten-inklusion-verhindert-und-niemand-etwas-daran-aendert/, abgerufen am 14.10.2020.

Joseph, D./Newman, D. (2010), Emotional Intelligence: An Integrative Meta-Analysis and Cascading Model, Journal of Applied Psychology, 95. Jg., Nr. 1, S. 54–78.

Kindermann, H. (2020), Konsumentenverständnis, Wiesbaden.

Klauer, T. (2012), Psychotherapeut, Jg. unbekannt, Nr. 57, S. 263–278.

Kuhl, H.-C./Junge, C./Bader, K. (2007), Erwerbstätigkeit von psychiatrischen Patienten. Sind psychiatrische Patienten von negativen Entwicklungen auf dem Arbeitsmarkt besonders stark betroffen?, Psychiatrie, Jg. unbekannt, Nr. 3, S. 38–41.

Mayer, J./Roberts, R./Barsade, S. (2008). Human abilities: Emotional intelligence, Annual Review of Psychology, Jg. unbekannt, Nr. 59, S. 507–536.

Mehler-Wex, C./Martin, M./Wewetzer, C. (2009), Schizophrenie, schizotype und wahnhafte Störungen (ICD-10 F20). In: Gerlach, M./Warnke, A./Mehler-Wex, C./Walitza, S./Wewetzer, Ch. (Hrsg.), Neuro-Psychopharmaka im Kindes- und Jugendalter, 2. Aufl., Wien, S. 477–487.

Myers, D. (2014), Psychologie, 3. Aufl., Berlin, Heidelberg.

Neurologen und Psychiater im Netz (2014), Studie: Menschen mit Schizophrenie werden zunehmend stigmatisiert, https://www.neurologen-und-psychiater-im-netz.org/psychiatrie-psychosomatik-psychotherapie/news-archiv/meldungen/article/studie-menschen-mit-schizophrenie-werden-zunehmend-stigmatisiert/, abgerufen am 10.10.2020.

Ofenstein, C./von Westphalen, M. (2018), Prüfungswissen Heilpraktiker für Psychotherapie, 2. Aufl., München.

Prölß A./Schnell T./Koch L. (2019) Psychische StörungsBILDER, Berlin, Heidelberg.

Psychomeda (2016), Emotionale Intelligenz, https://www.psychomeda.de/lexikon/emotionale-intelligenz.html, abgerufen am 01.10.2020.

Reif, J./Spieß, E. (2018), Wahrnehmung und Bewertung von Stressoren. In: Reif, J./Spieß, E./Stadler, P. (Hrsg.), Effektiver Umgang mit Stress, Berlin, S. 43–52.

Sieben, B. (2003). Emotionale Intelligenz: Die Tücken eines Trends. Zeitschrift für Personalpsychologie, 2. Jg., Nr. 1, S. 26–28.

Siebert, K. (2006), Zum Einfluss von Emotionaler Intelligenz auf die Übereinstimmung von Selbst-und Fremdeinschätzungen in der Persönlichkeitsforschung, Diss., Ruprecht-Karls-Universität Heidelberg.

Tölle, R. /Windgassen, K. (2009), Psychiatrie, 15. Aufl., Heidelberg.

von Hehn, S./Cornelissen, N./Braun, C. (2016), Kulturwandel in Organisationen, Berlin, Heidelberg.

Weisbrod, M. (2014), Rehabilitation von Menschen mit schizophrenen Psychosen: Die Bedeutung von Kognition und Training kognitiver Funktionen, https://www.thieme.de/de/psychiatrie-psychotherapie-psychosomatik/rehabilitation-von-menschen-mit-schizophrenen-psychosen-57620.htm, abgerufen am 24.09.2020.

Wirtschaftspsychologie Aktuell (2010), Emotionale Intelligenz ist genauso wichtig wie die allgemeine, https://www.wirtschaftspsychologie-aktuell.de/magazin/emotionale-intelligenz-ist-genauso-wichtig-wie-allgemeine/110/, abgerufen am 11.10.2020.

Zimbardo, P./Gerrig, R. (1999), Psychologie, 7. Aufl., Berlin, Heidelberg.